AF340126

L'ABBÉ JOLY,

PROFESSEUR

AU COLLÉGE DE GUÉRANDE,

PAR L. THIBEAUD.

(Extrait de la Revue de Bretagne et de Vendée).

NANTES,

IMPRIMERIE DE VINCENT FOREST & ÉMILE GRIMAUD,

PLACE DU COMMERCE, 1.

—

1862.

L'ABBÉ JOLY,

PROFESSEUR AU COLLÉGE DE GUÉRANDE.

La notice qu'on va lire devrait être publiée depuis longtemps ; des circonstances indépendantes de la volonté de l'auteur y ont mis obstacle. Lors d'un récent voyage à Guérande, il lui fut permis de passer quelques heures dans le cabinet de l'abbé Joly. Une année s'était écoulée depuis la mort de l'ami qui lui avait été bien cher, et si la vue de cette chambre lui rappela de douloureux souvenirs, ces moments ne furent pas cependant pour lui sans jouissance. En parcourant ces livres si souvent ouverts, en feuilletant ces nombreux manuscrits témoins de longues études, il crut qu'il était de son devoir de faire connaître un homme dont les travaux seront sans aucun doute un honneur pour notre ville.

Ce fut au mois de septembre 1860 que mourut M. Joly. Un nombreux clergé et une grande partie de la population de Guérande suivirent son convoi. Un service solennel fut célébré à son intention à la rentrée du collége ; et par les soins de M. le supérieur du séminaire, aujourd'hui curé de Guérande, un tombeau lui a été élevé dans l'enclos même de l'établissement.

Il appartenait naturellement aux collègues de l'abbé Joly de
publier une notice sur celui qu'ils avaient longtemps connu. Leur
caractère et leur science théologique leur permettaient mieux qu'à
tout autre d'apprécier ses travaux. Nous n'avions donc aucun titre
pour qu'une pareille tâche nous fût confiée. On savait seulement
quelle intime amitié nous avait uni à celui qu'on venait de perdre ;
ce fut l'unique motif pour lequel on nous pria de faire connaître au
public chrétien une existence bien simple et bien modeste, mais
tout entière mise au service de l'Église. Nous devions nous incliner
devant un désir qui nous était ainsi exprimé ; et, bien que ce
devoir eût son côté pénible, nous l'avons accepté comme une dette
d'ami.

Dans ces temps d'épreuves et de tempêtes, alors que tout ce qui
porte le nom de chrétien souffre des tribulations de l'Église, il est
utile que l'on sache quels sont ceux de ses enfants qui ont montré
pour elle plus de dévouement et de zèle. Quelque obscure qu'ait été
leur vie, leur mort permet maintenant de les louer. Assez d'ennemis
de la vérité ont le triste courage de faire parade de leur haine, pour
que ceux qu'anime un grand amour pour elle, ressentent une sorte
de fierté à raconter les œuvres de ses défenseurs.

La vie de l'abbé Joly s'inspira d'une seule pensée ; tout chez lui
fut dirigé vers ce but, le triomphe de l'Église et du Saint-Siége. Ce
qu'il avait reçu d'intelligence et de cœur fut donc mis au service de
cette grande cause. Né dans une condition obscure et d'une honorable famille d'artisans dans la commune de Saint-Mars-du-Désert,
il vint au monde le 19 décembre 1796. Nos provinces de l'Ouest,
après les terribles événements dont elles avaient été le théâtre, se
ressentaient encore de la persécution religieuse et de la guerre qui
l'avait suivie. Il n'avait que cinq jours, et sa mère, obligée de fuir
dans la campagne, emportait son enfant dans ses bras pour le sous-
traire aux dangers qui les menaçaient, les soldats républicains
étant sur le point d'envahir le bourg de Saint-Mars qu'elle habitait.
Une année après, cette pauvre femme succombait à la maladie qu'elle
avait contractée pendant les nuits qu'il lui fallut passer dans les
bois. En mourant, elle recommanda son fils à sa sœur qui l'éleva

jusqu'à l'âge de sept ans. Le père de l'abbé Joly se remaria, et la belle-mère, brave et honnête femme, sœur du curé de la paroisse de Couffé, reprit l'enfant chez elle et en eut toujours le plus grand soin. Il n'était resté de la succession maternelle qu'un tout petit champ que l'on dut vendre pour procurer des vêtements au pauvre enfant. Ce fut là son héritage. On ajoute en outre qu'une honorable famille de notre ville contribua par ses dons à entretenir le jeune étudiant et à solder les frais de sa première éducation. Dès la plus tendre enfance, l'action de la grâce se faisait sentir à cette jeune âme, et on l'entendait dire souvent qu'il serait prêtre. On le confia au curé de Thouaré ; et ce fut dans ce presbytère, où il devait lui-même remplir les fonctions du saint ministère, que les premières leçons lui furent données. Entré en 1815 au grand séminaire, il y suivit les cours de théologie, et après les avoir terminés, il fut placé en 1818 au petit séminaire pour professer les classes élémentaires. Il avait alors vingt et un ans. A la fin de l'année 1821 il fut ordonné prêtre et resta professeur dans cet établissement où il fit successivement toutes les classes d'humanités. Professeur de huitième en 1818, il succédait en 1828 à M. Audrain dans la chaire de rhétorique ; mais, par modestie et par goût, il la céda, dès la fin de l'année, à M. Jubineau pour rester professeur de seconde. Pendant ces années de professorat il ne perdait aucun moment. Il avait compris que les travaux scolaires ne sont pour celui qui veut atteindre au but dans tous les ordres de sciences, que les éléments d'une étude qui doit se poursuivre pendant toute la durée de la vie. Ce fut donc pendant ces années passées au petit séminaire de Nantes, qu'il employa les loisirs que ses cours lui laissaient, à compléter ses connaissances littéraires. Il y joignit bientôt l'histoire et la philosophie. Ainsi, rien de ce qui se rattache au développement de l'intelligence ne fut oublié. Ses forces se ressentirent bientôt d'un travail aussi opiniâtre ; sa santé s'altéra et le repos fut jugé indispensable. Son évêque le plaça, sur sa demande, chez le respectable curé de Thouaré, celui-là même dont il avait reçu les premières leçons.

L'abbé Joly se rendit donc à cette cure, où il devait habiter près de sept ans (de 1831 à 1837), peut-être les années les plus heureuses de toute sa vie. Peu de temps après le curé mourut; l'abbé Joly fut nommé pour le remplacer. Là il composa sur la sainte Eucharistie une suite de méditations destinées spécialement aux enfants qu'il préparait à la première communion. Elles rappellent la douceur et la suavité de saint François de Sales. Dans le court écrit et dans les lettres de piété qui le précèdent, l'auteur met à profit sa connaissance de l'Écriture et des Pères dont il cite et commente de nombreux passages.

Après les courses et les œuvres de l'apostolat, le reste du jour était consacré à l'étude. Il nous le répétait souvent : ces longues soirées d'hiver passées dans la solitude des campagnes, entouré de ses livres dûs presque tous à la plume des plus grands saints, et qui, dans les communications intimes qu'il avait avec eux, lui semblaient en quelque sorte lui apparaître ; ces soirées faisaient toute sa félicité, il y goûtait d'inexprimables délices. Puisant dans une bibliothèque choisie, et qui, bien qu'à l'aide de modiques ressources, s'accroissait tous les jours, y joignant d'ailleurs les livres qui lui venaient de ses amis ou des collections publiques, il cherchait là des matériaux que plus tard il devait mettre en œuvre.

Ce fut à cette époque qu'il entra sérieusement dans l'étude des Pères de l'Église. Cette nourriture solide et saine donna à son esprit une fermeté et une élévation qui depuis le distinguèrent toujours. Ne lisant presque jamais que la plume à la main, il réunissait ainsi de précieuses notes et de nombreux fragments que l'on doit retrouver dans les écrits qu'il a laissés. Il suivait l'exemple de Joseph de Maistre qui dit dans ses *Soirées de Saint-Pétersbourg* n'avoir jamais manqué de prendre note des passages qui le frappaient dans ses lectures, ainsi que des pensées, des illuminations soudaines qui apparaissent dans l'intelligence pour s'éteindre aussitôt.

Sa méthode d'étude nous a semblé assez remarquable pour qu'il en soit dit ici quelques mots. Dans une lettre datée de Thouaré, il nous écrivait, en nous priant de remettre à la Bibliothèque les œuvres de saint Denis l'Aréopagite : « Il faut consulter beaucoup les Pères et les grands écrivains du moyen âge, si l'on veut arriver

à une science vraiment catholique. Tous les éléments d'une vaste
et profonde philosophie s'y trouvent renfermés et souvent admira-
blement exposés. Mais je ne voudrais pas qu'on se bornât à de simples
citations. Il me semble qu'on doit plutôt se nourrir de leurs pensées,
les faire passer dans notre propre substance, et rester soi-même en
écrivant sur les mêmes sujets. J'ai trouvé beaucoup dans Lactance,
je commence à exploiter saint Augustin, j'aurai besoin aussi de
puiser dans Origène. Vous voyez que je ne pense pas que l'étude
des Pères doive seulement consister dans une sorte de compilation,
dans une réunion de textes pour savoir ce que tel Père pense sur
tel sujet. Cette méthode a ses avantages et même est nécessaire dans
certains cas. Mais il me semble ne pas devoir la suivre dans le plan
que je me suis formé.... On n'écrira, on ne pensera pas mieux que
les Pères, bien certainement ; mais quand il s'agit de l'ordre de
conception, c'est notre raison même qui doit, à l'aide de leurs im-
mortels écrits, se former, se développer et s'agrandir. Elle doit se
fortifier par cette nourriture substantielle, puis marcher seule sur
le terrain solide de la foi. »

Ayant de nombreuses relations dans le clergé et avec les laïques,
l'abbé Joly entretenait avec tous une correspondance fort étendue ;
mais la paroisse de Thouaré étant à peu de distance de Nantes, il
était souvent visité par ses amis. Le souvenir des quelques instants
qu'ils passèrent alors avec lui, s'effacera difficilement de leur mémoire. Quel charme ne se trouvait pas en effet dans ces conversations
où l'on touchait à tant de choses, où l'on discutait les questions les
plus intéressantes d'histoire, de philosophie, de théologie ! Parfois
aussi le chrétien que ne cessaient de préoccuper les destinées de
l'Église, laissait s'arrêter ses réflexions sur la marche que prenaient
les événements contemporains dans leurs rapports avec la religion,
cette scission absolue, cette prétendue séparation entre les deux
ordres de la société, l'ordre spirituel et l'ordre temporel, n'étant
en fin de compte qu'artificielles, et sans cesse contredites dans la
pratique.

Il fallut cependant abandonner cette chère solitude de Thouaré.
En 1837, M. Olivaud, nommé supérieur du petit séminaire de Gué-

rande, appela l'abbé Joly près de lui. Lié depuis longtemps par la plus étroite amitié avec le nouveau supérieur, le curé de Thouaré ne put refuser, et, à dater de ce moment, on lui confia la chaire de rhétorique. Bientôt après il y ajouta un cours d'histoire. A Guérande la réputation de l'abbé Joly, comme professeur éminent, brilla du plus vif éclat. Mgr de Hercé, évêque de Nantes, étant venu visiter le séminaire de Guérande peu après la nomination de l'abbé Joly, fit en présence des élèves et d'une nombreuse assistance les plus grands éloges du nouveau professeur dont il connaissait le mérite. L'abbé Joly se montra supérieur encore à sa renommée. Plusieurs ecclésiastiques qui occupent aujourd'hui des positions élevées dans le diocèse, aiment à se rappeler le prestige qui entourait alors la parole du maître, et le dévouement sans bornes qu'avaient pour lui ses élèves. Des transformations extraordinaires se firent, disent-ils, chez plusieurs de ceux qui, jusque-là, avaient langui sur les bancs de l'école. Les travaux littéraires, les leçons d'histoire prirent un cachet d'actualité qui les rendit plus saisissants, et qui donnèrent au cours de rhétorique un attrait particulier. Rien de ce qui se passa dans ces années sous le rapport littéraire, ne fut oublié par le professeur. Il sut initier ses élèves, avec toute la réserve convenable, au mouvement des esprits ; et ceux qui suivirent ses leçons, ne se trouvèrent pas étrangers, en quittant le séminaire, au monde dans lequel ils allaient vivre. Enfin, dans les conférences religieuses qu'il fonda comme le couronnement de son enseignement dans la classe de rhétorique, il lui fut donné de compléter sa pensée, et de poursuivre dans leurs transformations les erreurs et les sophismes de notre temps. Ainsi préparait-il, pour les luttes à venir et pour la défense de l'Église, les jeunes élèves du sanctuaire.

Cette longue fonction de l'enseignement et les études approfondies qu'il y joignait finirent par altérer de nouveau sa santé. Ses supérieurs entrevirent avec peine qu'une retraite allait lui être impérieusement ordonnée ; lui-même la demanda, et il regarda comme une faveur qu'il lui fût permis de rester au collége de Guérande et de ne pas quitter des collègues également heureux de le conserver au milieu d'eux. Les vingt dernières années de sa vie se

passèrent donc dans cette résidence de Guérande. Il aimait cette
petite ville, avec ses vieux murs, ses restes de fortifications, ses
fossés et ses boulevards. Sa position pittoresque à l'extrémité du
sillon de Bretagne, d'où elle domine les vastes plaines du bourg
de Batz et du Croisic, avait un grand attrait pour lui. Souvent, son
bréviaire sous le bras, il s'acheminait vers la campagne et faisait
de longues courses. Maintes fois il visitait ses confrères et se met-
tait à leur disposition. Les communes voisines jusqu'à Saint-
Nazaire même, où il prêcha plusieurs fois la station du carême,
connaissaient son zèle. Dans ses prédications, au reste fort simples,
il savait toujours se servir à propos de l'Écriture sainte et des
Pères, et présentait les vérités de la foi et les préceptes de la
morale chrétienne sous le voile des paraboles, dont il trouvait le
modèle dans l'Évangile. Un petit volume, sous ce titre : *les Paraboles évangéliques*, alors publié par lui, contient de charmants
récits en ce genre.

S'il cessa dès lors de prendre part à l'enseignement, l'abbé Joly
n'interrompit pas pour cela ses travaux. Dès que sa santé le lui
permit, il s'occupa de mettre fin à plusieurs ouvrages commencés
depuis longtemps. Né littérateur, sans jamais cesser de l'être, il
était devenu un véritable savant. Un de ceux qui l'ont le mieux
connu nous écrivait : « Il y aurait beaucoup à dire et à admirer
dans la personne de M. Joly, en examinant le prêtre, dans le prêtre
le professeur, et dans le professeur le littérateur et le savant, l'un
et l'autre inséparables. Les manuscrits qu'ils a laissés sont fort
riches ; sa plume facile et élégante lui a permis de tracer des pages
plus ou moins élaborées sur une multitude de questions. Sachant
qu'il n'a pas cessé de cultiver la littérature par goût et par voca-
tion, on a droit d'être surpris que cette branche soit si faiblement
représentée dans une collection considérable. » Un grand nombre
de compositions, tant en vers qu'en prose, ont été nécessairement
dispersées ; l'auteur, aussi insouciant de leur sort que complaisant
pour ceux qui les lui demandaient, les prêtait sans difficulté. Des
traductions, des productions diverses dans le genre didactique ou
critique ont ainsi disparu. Il fit imprimer pour l'usage des élèves

ses principes de rhétorique, très-court opuscule qui devait être suivi des *Exemples*, que par malheur on ne retrouve plus. Au reste, quelque prix que l'abbé Joly attachât aux lettres, il ne les envisageait pas comme un but : elles n'étaient pour lui qu'un moyen de traduire sa pensée.

Au contraire de la littérature, on est étonné du nombre de ses écrits philosophiques, en raison du peu d'années pendant lesquelles il a pu s'en occuper. Ce fut l'œuvre de ses loisirs au presbytère de Thouaré. Là, il avait entrepris plusieurs grands ouvrages de pédagogie et de philosophie chrétienne, dont un certain nombre fut achevé, mais dont on n'a plus retrouvé que quelques parties. C'était une préparation à la théologie. Plus tard, d'importants travaux sur l'Écriture sainte et les dogmes chrétiens furent accomplis par lui, soit en son nom personnel, soit au nom de la conférence ecclésiastique de Guérande, dont il fut longtemps le principal secrétaire.

L'une des raisons des écrits qu'a laissés l'abbé Joly sur un grand nombre de questions philosophiques, et le seul motif peut-être de tout ce qu'il fit sous ce rapport, c'était l'opinion qu'il avait adoptée sur la nécessité de réunir des matériaux pour élever l'édifice d'une philosophie catholique, d'une philosophie s'inspirant de la révélation et s'éclairant de la lumière divine, cessant dès lors de s'épuiser dans un isolement décoré du nom menteur d'*indépendance de la raison*. Cette pensée faisait le sujet de ses entretiens et de sa correspondance; elle était devenue son idée favorite, le rêve de sa vie. Il ne cessait de déplorer ce divorce de la raison humaine abandonnant les vives clartés de la foi, et se drapant avec un orgueil insensé dans le manteau de son néant. Depuis la Renaissance, mais surtout depuis la Réforme, il avait observé avec une grande attention les progrès de cette séparation funeste et les décadences qui en avaient été la suite. Il constatait qu'à partir de cette époque, qui par malheur date spécialement de Descartes, la philosophie n'avait cessé de descendre en quelque sorte par étapes, d'abord jusqu'au grossier matérialisme du XVIIIe siècle, puis de nos jours jusqu'au septicisme et à l'athéisme de Hégel et de ses disciples, dissimulé sous le voile du panthéisme. Il croyait que les sociétés modernes, à l'aide de ces désolantes doctrines, dont les lettres, la politique et la presse sont infectées, s'avançaient rapidement vers le règne du socialisme. Inconnue des grands siècles chrétiens, alors que l'illustre saint Thomas d'Aquin, résumant toute la philosophie, répandait un jour si éclatant sur ces grands problèmes qui nous préoccupent tant aujourd'hui, cette séparation absolue entre Dieu et l'homme, entre la raison et la foi, abîme que certains esprits s'efforcent d'agrandir, lui apparaissait comme la plus dangereuse des erreurs. Au reste, dans tous les genres de controverses et sur les points contestés, l'abbé Joly cherchait toujours les opinions les plus sûres et celles qui se rattachaient aux doctrines romaines.

Nous l'avons dit, malgré l'immense travail qu'attestent ses manuscrits, il trouvait encore le temps d'entretenir avec de nombreux amis une correspondance suivie, dans laquelle ce qui faisait l'objet constant de sa pensée était présenté sous un nouveau jour. Cette correspondance est fort étendue et des plus curieuses. L'histoire des temps par lesquels nous avons passé y est retracée avec l'abandon et la liberté d'une familière causerie. On y retrouve des noms illustres, on se rappelle de longs services rendus à l'Église, puis on croit assister encore à ces chutes lamentables qui furent un si grand deuil pour tous les chrétiens. On se trouve en face d'études pleines d'attrait. C'est ainsi qu'à l'occasion d'une très-mauvaise histoire du christianisme publiée par M. de Potter, livre dans lequel la notion du dogme est altérée et travestie, l'abbé Joly met en présence l'un de l'autre Leibnitz et l'historien belge, et dans un dialogue serré et précis il montre le contraste entre le grand philosophe qui, bien que protestant, expose avec une fidélité et une netteté remarquables les dogmes tels que les enseigne l'Église, et M. de Potter qui les dénature et les falsifie. Ce point établi, l'argumentation de l'écrivain et sa prétendue histoire s'écroulent par la base. Ailleurs, dans un recueil d'épîtres philosophiques datées de Thouaré, on lit une fort belle étude sous ce titre : *Synthèse de l'homme déchu,* dans laquelle le dogme de la chute est présenté d'après les doctrines des théologiens les plus célèbres.

On n'aurait qu'une idée incomplète de l'abbé Joly si l'on s'arrêtait à cette époque déjà si remarquable de sa vie. En effet, malgré son amour pour la philosophie, la pure spéculation ne fut pas sa préoccupation principale. De la région des idées, il passa dans celle des faits, et s'y engagea de plus en plus, de manière que le savant se confond maintenant en lui avec l'historien. Les annales souvent, épiques de notre patrie séduisirent son imagination chrétienne et française, et pendant les dix dernières années, ses riches facultés parurent s'y concentrer tout entières. Cette double histoire de l'Église et de la France, souvent faite et reprise par l'auteur, était devenue son œuvre de prédilection. Son dessein était de représenter l'Église comme la mère des peuples modernes, de montrer la France portant si glorieusement le nom de *fille aînée de l'Église*, marchant à la tête de la civilisation et donnant l'exemple du véritable progrès. Après avoir été remaniée entièrement, cette belle œuvre venait d'être achevée avant la maladie dont l'auteur fut atteint, et il y aurait fort peu à faire pour la mettre en état d'être livrée au public. Nous savons, du reste, que cette publication est vivement attendue et désirée par ses amis. Ce fut le dernier travail entrepris par lui; il s'y livra avec ardeur; il le regardait comme l'accomplissement d'un devoir. « De nos jours, disait-il, l'Église est assez insultée et assez méconnue pour que ses enfants doivent s'empresser d'employer à sa défense les armes que Dieu a mises en leurs mains. » Ainsi, travailler à la restauration de l'histoire au point de vue catholique, ce fut le principal mobile des recherches de notre ami. Plusieurs écrivains distingués de notre temps avaient ouvert la voie, et sans aucun doute à la tête de tous l'abbé Gorini dans son remarquable livre : *Défense de l'Église contre les erreurs historiques de notre siècle.* Plusieurs publications détachées de l'œuvre qu'il préparait, divers articles insérés par lui dans un recueil périodique du temps, *la Revue de Nîmes*, témoignent de ce que nous venons de dire. Il s'attacha d'abord à l'étude des saints et de leur influence sur la société à l'époque où ils vivaient. Ce fut ainsi qu'il reprit en détail la vie de saint Éloi, de sainte Bathilde et de plusieurs saints de notre diocèse. On lira avec intérêt dans son histoire les chapitres où il raconte tout ce qui l'avait frappé dans l'existence des ordres religieux, au point de vue de leur action et de leur influence sous nos deux premières races. On dirait que l'abbé Joly eût dès lors le pressentiment de l'éclat qu'allait répandre sur l'histoire des ordres monastiques l'œuvre magnifique de l'illustre comte de Montalembert, *les Moines d'Occident*. Nous disions qu'il avait donné à une revue du Midi plusieurs fragments historiques. Il en est deux surtout que nous croyons devoir rappeler ici. L'un est un aperçu sur le Xe siècle, époque d'agitations et d'orages, fort maltraitée par presque tous les historiens. Il la considéra sous un nouvel aspect. Il rechercha avec persévérance quels avaient été les saints dans ce siècle chargé de tant de crimes. Il fit reconnaître et admirer leur rôle dans cette société encore barbare, et les grandes vertus qu'ils firent briller au milieu des cruautés et des violences, et qui bien souvent en arrêtèrent les suites.

Il avait lu une histoire assez étendue de Louis le Débonnaire (*Louis le Pieux et son siècle*, par Frautin). A la manière dont l'auteur présentait les faits, il crut apercevoir quelques indices qui devaient le mettre sur la voie et lui servir, à l'aide d'un travail préliminaire, à éclairer cette importante époque. Il se mit à l'œuvre, eut immédiatement recours aux documents authentiques et remonta aux sources mêmes. La conduite des personnages les plus recommandables de ce temps, les écrits et les lettres de saint Agobard, archevêque de Lyon, de Vala, abbé de Corbie, de saint Pascase, du pape Grégoire IV lui-même, relatives aux chartes de partage et de constitution de l'Empire, dressées et jurées solennellement aux assemblées générales d'Aix-la-Chapelle d'abord, puis ultérieurement à celle de Nimègue, leur violation due aux intrigues de l'impératrice Judith et du comte Bernard, tous ces points furent examinés avec le plus sévère scrupule. L'origine des troubles de ce temps, les actes du clergé de France, sujet de blâme chez la plupart des historiens, et qui cependant furent probablement la cause du peu de sang versé pendant ces révolutions qui se succédèrent à de courts intervalles, furent également de sa part l'objet d'une étude approfondie. Vala surtout, le célèbre abbé de Corbie, qui, par l'élévation de son caractère et le rôle de médiateur qu'il conserva au milieu des partis les plus opposés, contribua puissamment à ramener la paix, lui paraît pleinement justifié à l'endroit des accusations lancées contre sa mémoire. Ainsi, il fut donné à l'abbé Joly de refaire complétement l'histoire de Louis le Débonnaire, et de laisser le modèle achevé d'une œuvre entreprise au point de vue des réhabilitations historiques. S'il prenait tant d'intérêt aux souffrances de l'Église dans les siècles écoulés, il ne perdait pas de vue les luttes présentes, et sans abandonner la plume, il savait y joindre l'action. La longue polémique des années qui précédèrent la révolution de 1848, relativement à *la question de la liberté de l'enseignement*, ne lui fut pas étrangère. Il y prit la part la plus active ; il s'occupa avec zèle à étendre le pétitionnement qui aida si puissamment à la solution de cette grande cause. Après la révolution de février, il publia de nombreux articles, spécialement sur des points de religion et d'histoire, dans le journal *l'Alliance*.

Prêtre plein de ferveur, mais avant tout catholique romain, il vit arriver avec une grande joie le retour à l'unité liturgique. La liturgie romaine, devenue comme autrefois la prière universelle de l'Église, lui paraissait la forme extérieure et la vivante expression de l'unité de la foi. Mais il ne devait pas réciter ce bréviaire qu'il avait tant désiré. Sa langue, désormais impuissante, ne lui permit pas de répéter avec ses bien-aimés confrères ces hymnes et ces antiques formules conservées par la mère et la maîtresse de toutes les Églises. Au commencement de l'année 1858, l'abbé Joly, dont la santé s'était affaiblie depuis longtemps, fut subitement frappé d'une violente attaque d'apoplexie. Une paralysie complète envahit tout le côté droit, et jamais le mouvement ne s'y rétablit. La parole seulement lui fut rendue, mais la prononciation demeura difficile et imparfaite. Il vécut trois ans dans ce pénible état. Pendant les premiers temps, il put sortir de sa chambre et faire quelques pas dans le jardin du collége, en s'appuyant sur le bras d'un ami. Il dirigeait toujours sa promenade vers une grande croix élevée à l'extrémité de l'enclos. Là, il se reposait, cultivait quelques fleurs, et restait ainsi plusieurs heures au pied du calvaire, unissant ses souffrances à celles du divin Sauveur. Privé du bonheur de célébrer les saints mystères, bonheur qu'il appréciait si bien dans les jours de sa vigueur sacerdotale, il pouvait dans les commencements de sa maladie assister à la sainte messe, mais bientôt il fut privé de cette dernière consolation, ses forces s'étant affaissées de plus en plus. Lui aussi devait, comme tous les amis de Dieu, passer par le creuset des tribulations. Son intelligence finit enfin par céder aux progrès du mal; longtemps elle résista, puis elle s'éteignit par degrés. Cependant la pensée du ciel se conserva chez lui jusqu'aux derniers moments, et ce fut en pressant le crucifix sur son cœur et sur ses lèvres qu'il rendit son âme à Dieu. Bien que prématurée (l'abbé Joly n'avait que soixante-trois ans), cette mort laissait à ses amis de grandes consolations. On savait que la cause de l'Église avait été la préoccupation de toute sa vie. La divine Providence lui avait donc épargné de grandes angoisses. Dans ces jours de ténèbres au milieu desquels nous vivons, alors que les plus graves événements se précipitent, que la haine et le mal font éclater leurs chants de triomphe; à cette triste époque où le souverain pontife, cet ange de mansuétude que le Seigneur nous avait donné dans sa miséricorde, est insulté, méconnu, le cœur de notre ami n'eût-il pas été brisé? Maintenant, heureux, il jouit au ciel du règne incontesté de Dieu et des gloires de son Église, et nous donne le signal de la confiance et de l'espoir.

Nantes, imprimerie de Vincent Forest et Émile Grimaud, place du Commerce, 1.